cembre 1852.

CATALOGUE
D'UNE
TRÈS JOLIE COLLECTION
D'OBJETS
D'ART ET DE CURIOSITÉ

Statues, Groupes et Figures en marbres et matières précieuses, Bronzes anciens, bustes, Groupes et Statuettes; Ivoires anciens sculptés, Mosaïques, Objets chinois, Porcelaines de Saxe, de Chine et du Japon montées en bronze doré et non montées, Meubles en marqueterie de Boule et en ébène, Régulateur de Rieussec, Armes, Médailles, Terres cuites, Vitraux suisses, Émaux de Limoges,

TABLEAUX ANCIENS, MINIATURES,
BIJOUX ANCIENS, ETC.,

COMPOSANT LE CABINET
DE FEU M. CHAMPION (Petit Manteau Bleu,)

DONT LA VENTE AUX ENCHÈRES PUBLIQUES AURA LIEU,

HOTEL DES VENTES MOBILIÈRES,
RUE DES JEUNEURS, N. 42 bis,

Les Lundi 6, Mardi 7 et Mercredi 8 Décembre 1852,

HEURE DE MIDI.

Par le ministère de Me **RIDEL**, Commissaire-Priseur,
335, rue Saint-Honoré,
Assisté de M. **MANNHEIM**, Expert, Marchand de Curiosités,
10, rue de la Paix,
Chez lesquels se distribue le présent Catalogue.

EXPOSITION PUBLIQUE
Le Dimanche 5 Décembre 1852, de midi à quatre heures.

—
1852

Exemplaire de Beurdeley père.

CONDITONS DE LA VENTE

Elle sera faite au comptant.

Les acquéreurs paieront cinq centimes par franc, en sus des adjudications.

L'ordre numérique du Catalogue ne sera pas suivi pour la vente.

Les Tableaux, Miniatures, Fixés, seront vendus le 3ᵉ jour.

CATALOGUE

D'OBJETS

D'ART ET DE CURIOSITÉ

TABLEAUX, BIJOUX ANCIENS, ETC.,

DÉSIGNATION SOMMAIRE.

Porcelaines montées et non montées.

1 — Un grand et joli vase en ancien craquelé de Chine, à lézards en relief, riche monture ancienne à anses à enroulements, époque Louis XV, en bronze doré.

2 — Deux grands vases à couvercles forme cassolettes, en ancien craquelé de Chine sur fond céladon, riche monture à anses et piédouche, demi régulière, époque fin Louis XV, en bronze doré.

3 — Deux beaux vases, à grosse panse et surbaissé, en porcelaine de Chine ancienne, fond bleu de Perse; riche monture ancienne à anses, piédouches et festons de lauriers sur la panse des vases, en bronze doré, époque fin Louis XV.

4 — Deux grands et beaux vases forme dite mandarins en porcelaine de Chine fond blanc, à branchages et oiseaux émaillés de couleurs variées et en haut-relief, qualité très rare, et montés à gorges et soubassement à volutes et festons de lauriers, en bronze doré, époque Louis XV.

5 — Deux grands et jolis vases en porcelaine de Chine à médaillons à mandarins, à ceps de vignes et souris en relief comme encadrements, anses à dragons émaillés rouge.

6 — Deux autres vases pareils de forme et décors, mais d'une moindre dimension.

7 — Deux grands vases en porcelaine de Chine, forme hexagone à grosses panses et à anses, fond gros bleu et dessins dorés.

8 — Deux grands vases forme cylindrique, fond bleu de roi, en porcelaine de Chine, et dessins dorés, monture en bronze doré, époque de Louis XIV.

9 — Deux vases en porcelaine de Chine, forme dite mandarin, qualité appelée coquille

d'œuf, fond vermicellé d'or, à fleurs en relief émaillées, et médaillons à mandarins.

10 — Deux belles potiches forme octogone, en porcelaine du Japon, peinte de beaux ornements bleu, rouge et or.

11 — Deux vases forme sphérique, en porcelaine de Chine, fond rouge brique et dessins blancs relevés, montés à anses, piédouches, et gorges en bronze doré, époque Louis XV.

12 — Trois petits vases cassolettes de forme cylindrique et à couvercles, fond bleu lapis à médaillons de fleurs en porcelaine de Chine, monture Louis XV en bronze doré.

13 — Un petit vase cassolette, en ancien céladon à dessins en relief, monture rocaille en bronze doré à anses têtes de béliers.

14 — Un autre petit vase cassolette en porcelaine de Chine, fond vert pomme, branchages en relief, monture en bronze doré.

15 — Deux petits cornets en porcelaine de Chine, forme carrée, fond blanc et à mandarins.

16 — Deux théières forme hexagone, porcelaine de Chine, fond blanc, et fleurs émaillées.

17 — Un éléphant accroupi, en porcelaine de Chine décorée; cette pièce est très-curieuse et rare à cause de sa dimension et de sa conservation.

18 — Deux magnifiques lions accroupis dits Chimères, en ancien céladon turquoise, moyenne grandeur, sur socles carrés couleur violacée, garnis de bronze doré.

19 — Deux carpes couchées en ancienne porcelaine de Chine.

20 — Deux carpes debout, sur socle imitant un rocher, en ancienne porcelaine de Chine.

21 — Deux oiseaux accroupis portant leurs petits sur le dos et formant beurriers, en ancienne porcelaine de Chine.

22 — Un coq accroupi sur un rocher, en porcelaine de Chine.

23 — Un oiseau de proie posé sur un rocher, en porcelaine de Chine peinte de belles couleurs variées.

24 — Deux petits vases, forme bouteilles, en porcelaine du Japon, sur socle rocaille en bronze doré.

25 — Deux autres vases semblables.

26 — Deux théières à grosses panses, porcelaine de Chine, fond blanc à fleurs.

27 — Une grande figure de tartare en terre cuite, à tête mouvante, portant une souris blanche dans sa main, costume verni d'un bel émail ; travail chinois et très curieux.

28 — Deux petites Chimères en terre de Chine vernis jaune.

29 — Deux jolis perroquets en ancien céladon violet, sur rocher céladon turquoise, ancienne monture en bronze doré.

30 — Deux petits dauphins en porcelaine de Chine.

31 — Un petit vase forme carrée en porcelaine de Chine, fond bleu de perse, jolie monture ancienne en bronze doré, à mascarons de Satyres sur chaque face.

32 — Deux coings en porcelaine de Chine céladon, formant porte-allumettes, à applique et suspension.

33 — Une grande et belle théière, forme sphérique, à fleurs et branchages en relief, fond blanc doré, et à anse en bronze doré.

34 — Deux petits chats en porcelaine de Chine, fond blanc et taches brunes.

35 — Une petite coupe en ancien céladon turquoise fracturé; jolie monture rocaille dorée.

36 — Une jardinière en ancienne porcelaine de Sèvres, fracturée, fond gros-bleu étoilé d'or, médaillons Amours à encadrements vent-pomme; monture dorée.

37 — Trois figurines en ancienne porcelaine de Saxe, petits Chinois dansant et coiffés de feuilles de choux.

38 — Deux autres figurines en porcelaine, costume bizarre, genre caricature.

39 — Trois objets en porcelaine : un sanglier, un petit jardinier et un petit musicien.

40 — Trois petits vases en porcelaine, fond céladon, et mandarin bleu.

41 — Deux petits vases forme bouteille, fond blanc et dessins bleus.

42 — Un plateau forme bateau ; deux tasses forme arrondie en porcelaine de Saxe, fond blanc, bord bleu à écailles, et fleurs émaillées.

43 — Cinq compotiers forme coquille, en porcelaine de Saxe gauffrée, fond blanc, et fleurs.

44 — Quatre-vingt-dix pièces environ de porcelaine de Chine et du Japon, telles que plats, assiettes, coupes, etc. (Ce lot sera divisé.)

45 — Deux figures de mandarins en porcelaine de Chine.

46 — Deux éperviers en terre cuite vernie, socles en bronze doré.

47 — Deux petits singes accroupis, terre cuite vernie de la Chine.

48 — Deux figurines en porcelaine de Chine émaillée.

49 — Deux petites bouteilles blanc et bleu, et une petite marmite porcelaine.

50 — Un petit groupe en porcelaine de Saxe : Génies figurant l'été.

51 — Deux petits vases et un petit broc en terre de Bocaro, à dragons et lézards en relief.

Bronzes.

52 — Deux très beaux bustes en bronze : le grand Condé et Turenne, costumés en cuirasse et manteau usités sous Louis XIV.

53 — Une statue, grandeur nature, en bronze : Génie en adoration, étendant les bras vers le ciel.

54 — Joli groupe en bronze, l'Amour domptant la Force, représenté par un Cupidon monté à califourchon sur un Centaure qui a les bras liés derrière le dos.

55 — Autre jolie statuette en bronze, Faune dansant.

56 — Deux statuettes en bronze d'une fonte ancienne, la Vénus au dauphin et la Vénus Callipyge, sur socles en bois cannelés, ornés de perles dorées.

57 — Une figure de femme, la sœur de Didon, agenouillée et pleurant, beau bronze florentin, d'une belle patine.

58 — Buste de Voltaire en bronze.

59 — Quatre figurines en bronze, représentant les arts libéraux ; socles en bois doré.

60 — Un petit buste de Jules César, ancien bronze italien.

61 — Un animal chimérique formant fontaine, en bronze chinois, d'une belle patine.

62 — Une Chimère accroupie formant vase en bronze chinois, sur socle en bois de fer sculpté.

63 — Un petit cheval en bronze chinois.

64 — Une statuette, Faune lutteur, en bronze florentin, belle patine.

65 — Deux petites figurines assises, en bronze, costume de Folies, sur socles carrés, marbre jaune antique et lumachelé.

66 — Deux petits gobelets en bronze, formés de têtes de Satyres couronnées de pampres.

67 — Deux petits vases cassolettes en bronze du Tonquin, forme sphérique, surmontés de leurs gobelets et supportés sur trépied en bronze ciselé et doré.

68 — Un petit vase en bronze, goulot à trèfle.

69 — Deux petits bustes d'empereurs romains, têtes laurées et dorées, costumes en albâtre sculpté.

70 — Deux vases en bronze au vert antique, à bas-reliefs, offrandes à Priape et Bacchantes, piédouches et culots en bronze, à ornements finement ciselés et dorés, gorges et socles en marbre blanc.

71 — Une pendule en bronze doré au mat, fin Louis XVI, Satyre et Bacchante sur socle en marbre rouge de Flandre.

72 — Deux petits flambeaux à deux branches, bronze doré rocaille.

73 — Trois petits bougeoirs bronze doré.

Marbres.

74 — Une statue grandeur deux tiers nature en marbre blanc sculpté. Vénus au Dauphin.

75 — Buste grandeur nature, en marbre blanc sculpté. Henri IV.

76 — Deux très jolis bustes en marbre blanc sculpté. Faune couronné de pampres et Flore couronnée de roses, sur socles carrés en marbre noir.

77 — Un très beau buste en marbre blanc sculpté. Jeune fille pudique vue à mi-corps, tournant la tête malicieusement de côté et croisant les bras sur son sein, sur socle en marbre portor.

78 — Un petit groupe en marbre blanc sculpté. Deux Enfants couronnés de pampres, dont l'un est monté sur une panthère.

79 — Un joli groupe en marbre blanc sculpté. Jeune fille assise, couronnée de fleurs, lisant dans un livre, et ayant son petit chien auprès d'elle.

80 — Un autre groupe en marbre blanc sculpté. Jeune Femme debout et drapée, ayant près d'elle, monté sur un tronc d'arbre, un petit chien qui cherche à la caresser.

81 — Buste de la reine Blanche, coiffée avec les cheveux en bandeau, en marbre blanc sculpté, provenant des tombeaux de

Saint-Denis; on y a ajouté plus tard un diadême en cuivre doré, enrichi de pierreries.

82 — Buste de J.-J. Rousseau, en marbre blanc sculpté, grandeur nature.

83 — Un petit buste de Bacchante en marbre blanc sculpté.

84 — Un petit buste de Cicéron en marbre rouge antique, corps en marbre blanc et socle carré en marbre noir.

85 — Une Femme assise, grandeur demi-nature, en albâtre.

86 — Un petit groupe de pauvres en albâtre.

87 — Un buste de Jupiter indien en rouge antique, monté en marbre griote rouge.

88 — Une tête de Gorgone en marbre blanc sculpté.

89 — Trois tableaux en marbre blanc sculpté en ronde bosse, sujets mythologiques. Marsias, Daphné changée en laurier, et Apollon couronnant une Muse.

90 — Buste d'un Saint-Père, sculpté en bas relief sur porphyre rouge oriental, appliqué sur plaque ovale en marbre blanc, et supporté sur piédouche ovale en porphyre.

91 — Deux petits bustes d'Enfants sculptés en bas-relief sur marbre blanc, cadres ovales dorés.

92 — Deux jolies colonnes en marbre noir.

93 — Deux colonnes marbre blanc veiné gris, chapiteaux et soubassements en marbre jaune antique sculpté.

94 — Deux jolies colonnettes en marbre blanc sculpté à canaux creux.

95 — Deux petits obélisques en marbre jaune antique, sur socles carrés en bronze ornés de bas-reliefs.

96 — Deux mains jointes en marbre blanc sculpté provenant d'un ancien tombeau.

97 — Une prêtresse, figure sculptée en porphyre rouge oriental, tenant un vase de libation en bronze doré.

98 — Deux très jolis vases forme ovale et à couvercles en porphyre rouge oriental, formant cassolettes, riche monture en bronze doré à anses, mascarons et têtes de béliers, soutenant des festons de lauriers.

99 — Un mortier en porphyre rouge oriental, formant vase, monture en bronze rocaille doré.

100 — Un très grand guéridon en porphyre rouge oriental, monté sur Chimères en bois sculpté et doré, posées sur plinthe de forme triangulaire, en granit rose d'Égypte.

101 — Une coupe ronde, sur piédouche en porphyre rouge oriental, sur socle carré en porphyre de Suède, garni de bronze doré.

102 — Une très grande coupe ronde sur piédouche en porphyre de Suède; diamètre, 57 centimètres.

103 — Une autre coupe ronde sur piédouche en porphyre de Suède.

104 — Deux coupes rondes en brocatelle d'Espagne, sur piédouche et plinthe, en granit vert des Vosges; monture bronze doré.

105 — Deux cippes en marbre rose, à gorges à moulures en marbre vert de mer.

106 — Une petite coupe ovale à moulures en marbre rose d'Égypte.

107 — Deux petits vases forme ovoïde en marbre vert de mer et à mascarons têtes de Satyre en bronze doré.

108 — Deux petits socles carrés, même marbre et bronze doré.

109 — Deux petites coupes rondes sur piédouche en brèche violette.

110 — Deux grands vases forme ovoïde, en albâtre, monture en bronze doré, à anses tête de bélier, provenant d'anciens candelabres à lis.

111 — Deux vases forme ovoïde, à anses carrées prises dans la masse, en marbre veiné jaune et brun d'Égypte.

112 — Cinq socles et un dessus de meuble, en marbres divers.

113 — Une Diane en Therme, tête et bras en bronze, costume en albâtre oriental, et gaîne en vert de mer.

Armes, Cannes, etc.

114 — Trois pertuisanes et hallebardes, hampes du temps.

115 — Un fusil africain à capucines, et incrustations en argent.

116 — Une carabine à rouet.

117 — Une masse et un marteau d'armes.

118 —   Dito   dito   travail moderne.

119 — Une hache d'armes en pierre, à hampe en bois sculpté, et une masse d'armes en cuivre repoussé et doré.

120 — Un yatagan, lame Damas, poignée et fourreau garni en argent repoussé.

121 — Un poignard à poignée en bronze du Tonquin.

122 — Un poignard malais, poignée à chimère sculptée.

123 — Un couteau persan, manche en jaspe héliotrope, fourreau velours rouge garni d'argent doré.

124 — Un poignard en acier, à trois lames et à ressort.

125 — Un couteau du XVIe siècle, à manche carré contenant sur chaque face des sculptures en ronde-bosse de la plus grande finesse, sujets tirés de l'histoire sainte.

126 — Quatre cannes, parmi lesquelles une en écaille transparente.

Objets divers de Curiosité.

127 — Un sceptre chinois en pierre de lard, entièrement sculpté à jour, à dragon, etc.
128 — Une pipe à opium et une coiffure de femme en broderie.
129 — Un vase forme bouteille en argent repoussé à fleurs, travail oriental.
130 — Un hibou formant vase, à tête et ailes mouvantes en argent, travail allemand du xvie siècle.
131 — Deux dauphins en terre cuite, vernis jaune, attribués à Bernard Palissy.
132 — Un bas-relief en bronze, Descente de croix, argenté et doré, travail italien du xvie siècle.
133 — Un plateau ovale, par Bernard Palissy, à bas-relief, Moissonneur.
134 — Un autre plateau ovale, par Bernard Palissy, à reptiles.
135 — Une assiette ronde en faïence de Faenza, sujet tiré de l'histoire romaine.
136 — Une coupe ronde en émail vénitien, xvie siècle, blanc, vert et bleu rehaussé d'or.
137 — Deux tableaux carrés, sujets champêtres, à pans coupés en cuivre et à incrustations en nacre de perle et Burgau dans des monuments rocaille époque Louis XV.

138 — Trois tableaux, mosaïque de Florence en relief, arbre et branches de cerisier, dont un grand carré et deux petits, cadres bronze doré.
139 — Deux petits tableaux carrés en mosaïque de Florence, fleurs.
140 — Trois autres, dont un paysage et deux cavaliers.
141 — Deux tableaux carrés, belle mosaïque de Florence en lapis lazulli, etc., perroquets perchés sur des branches de cerisier et oranger.
142 — Un tableau carré en hauteur, en mosaïque de Florence belles matières, Apollon charmant les animaux avec sa lyre.
143 — Cinq petits tableaux, mosaïque de Florence en belles matières, figures d'hommes, costumes de divers pays.
144 — Deux tableaux, mosaïque de Florence, deux oiseaux perchés sur des coupes.
145 — Neuf tableaux, mosaïques de Florence en belles matières, oiseaux ; ce lot sera divisé.
146 — Deux mosaïques de Florence très petite dimension, perroquets, cadres en jaune antique.
147 — Deux paysages en mosaïque de Florence.
148 — Un tableau, Sainte Vierge et l'Enfant-Jésus, plaque en repoussé d'argent, travail russe.
149 — Deux vases forme bouteilles à applique en bois peint, anses, piédouches et orne-

ments en ivoire en relief sculpté et peint, travail chinois.

150 — Deux râpes à tabac en ivoire sculpté, bas-relief, homme et femme.

151 — Une poire à poudre en ivoire sculpté à animaux en relief, travail de l'Inde.

152 — Un buste en ivoire sculpté, tête casquée, travail du XVI° siècle, sur socle en stuc marbré.

153 — Une petite tête d'enfant en ivoire finement sculpté, yeux en émail, montée sur gaîne en bois noir.

154 — Un grand gobelet à nœuds et sur piédouche en ivoire, ouvrage de tour, travail époque Louis XIII.

155 — Un autre plus petit, même travail, même époque.

156 — Un saint personnage, costume de capucin, en ivoire sculpté.

157 — Le petit fidèle berger, figurine assise sur un rocher, objet en ivoire sculpté.

158 — Sept figures de pauvres et musiciens, en bois et ivoire sculpté, yeux en émail, travail allemand, seront divisées.

159 — La crèche, sculpture du XVI° siècle en ronde bosse composée de nombre de figures d'une belle exécution, dorée et peinte, dans un cadre et sous verre.

160 — Deux têtes sculptées en bas-relief sur ivoire; Luther et Calvin.
161 — Deux petits bas-reliefs, ivoire sculpté, cadres bois noir, l'un ovale, scène de cabaret, l'autre rond, famille de paysans chantant devant un lutrin.
162 — Deux autres, l'un dans un cadre noir, travail chinois, l'autre sans cadre, bergère endormie (Sainte Geneviève).
163 — Deux sculptures en haut relief, l'un Apollon debout, l'autre le Christ couché, cadres en bois noir.
164 — Un peigne en ivoire sculpté, travail de l'Inde.
165 — Deux petits bas-reliefs sur nacre de perle, l'un l'Adoration des rois mages, l'autre Moïse sauvé des eaux.
166 — Plusieurs bas-reliefs sculptés sur os, rapprochés dans un cadre, et provenant d'un coffre de mariage vénitien, XVIe siècle.
167 — L'éducation de Notre-Seigneur, la Sainte-Vierge, l'Enfant-Jésus, et Saint Joseph, en repoussé d'argent doré en ronde bosse, travail très-fin du XVIe siècle, sur fond lapis lazulli.
168 — Une grande figure en palmier sculpté, Confucius, travail chinois.
169 — Deux pantoufles sur socles en bois sculpté et repercé à jour.
170 — Deux grands étriers en bronze laqué, travail de la Chine.

171 — Deux jolis groupes en pierre de lard, sujets chinois finement sculptés et repercés à jour.
172 — Deux figures de chinois moyenne grandeur, sculptées en pierre de lard.
173 — Trois figures et groupes, pierre de lard, travail chinois.
174 — Une grande cruche en grès de Flandre, couleur brune à blason (1577).
175 — Deux autres, dont une brune à figure grotesque, et l'autre grise à bas-relief.
176 — Une boule en ivoire, ouvrage de tour, contenant une croix ouvrant à quatre compartiments.
177 — Deux petits plateaux en émail de Chine, fond gros-bleu et fleurs.
178 — Un grand tableau en émail de Limoges, Flagellation, colorié et forme carrée.
179 — Un autre, forme cintrée, Descente de croix, peinte en grisaille.
180 — Un autre, forme carrée, colorié, l'Annonciation.
181 — Un autre, forme carrée, colorié, saint Jean, cadre noir.
182 — Deux petits tableaux carrés peints sur émail et coloriés, la Cène et l'Adoration des mages, époque Louis XIII.
183 — Un petit tableau rond, peint sur émail et colorié, Femme allaitant son enfant cadre noir.

184 — Quatre grands et beaux portraits de femmes célèbres du temps de Louis XIV, peints sur émail, d'après Mignard, Rigaud, etc. Ce lot sera divisé.

185 — Portrait de sainte Scolastica, peint sur émail de Limoges.

186 — Cinq peintures sur émail dans un même cadre en bois noir, dont quatre portraits et un sujet d'intérieur.

187 — Un petit portrait de femme, peint sur émail, signé Nikel, cadre en bois noir.

188 — Un petit tableau carré, peint sur émail à sujet tiré de l'Histoire romaine.

189 — Un petit tableau ovale peint sur or émaillé, sujet champêtre, cadre en bois noir.

190 — Un autre forme octogone, même genre.

191 — Un autre ovale sur or. Enfant et colombes, cadre en bois noir.

192 — Une miniature grisaille, par Klingstett, cadre noir.

193 — Une miniature sur vélin, Femmes époque Louis XV.

194 — Une miniature peinte sur porcelaine de Saxe, portrait d'une princesse souveraine d'Allemagne.

195 — Un camée sur jaspe héliotrope, d'un côté les têtes du Christ et de saint Jean, au revers le baptême de saint Jean dans un grand cadre en vermeil ciselé enrichi de turquoises.

196 — Deux petits tableaux peints et vernis par Martin, sujets d'enfants, d'après Boucher, sur fond rouge, cadres en bronze.

197 — Quatre petits tableaux vernis par Martin, forme ovale, dans un même cadre, enfants genre Boucher, dont deux coloriés et deux en grisaille.

198 — Deux petites peintures ovales vernies par Martin, coloriées. Mars et Vénus, et sujet champêtre, cadre en bronze doré.

199 — Une miniature, tête de vieillard, peinte en grisaille.

200 — Une autre peinte en grisaille, Portrait d'un célèbre mathématicien.

201 — Deux bas-reliefs carrés, en cuivre repoussé, sujets d'intérieurs flamands, cadres noirs à moulures.

202 — Deux autres bas-reliefs en bronze finement ciselé et doré. Buste de Bacchante tenant une lyre, et guerrier monté dans un char de triomphe, cadres à moulures en bois noir.

203 — Deux médaillons en bronze. Femmes accroupies, dont une découpée et dorée, cadres en bois noir.

204 — Deux autres médaillons en bronze doré au mat. Bustes de Mars casqué et d'Apollon.

205 — Une grande médaille en bronze doré Louis XI, au revers, Anne de Bretagne, date 1499.

206 — Deux cadres carrés dorés, contenant six
clichés en plomb, de Pierre-le-Grand,
du Ier Consul, etc.

207 — Douze médailles diverses en bronze,
Louis XVIII, le duc de Berry, etc.

208 — Deux objets en bronze, une râpe à tabac
à figure flamande, et un triptique russe
émaillé en partie.

209 — Deux médaillons, dont un en argent repoussé, sujet saint, et un autre en bronze.
L'Amour maternel, cadre en bronze doré.

210 — Un médaillon carré sculpté en bas-relief par
Renaud, en 1810. Bustes de l'empereur
Napoléon et de Marie-Louise.

211 — Un chien d'arrêt sculpté en haut-relief en
rouge antique, appliqué sur fond albâtre
blanc, cadre à moulure aussi en rouge
antique.

212 — Deux miroirs ronds en métal, dont un chinois à bas-reliefs au revers.

213 — Un petit tableau en laque du Japon,
vases, etc., cadre doré.

214 — Une Sainte Vierge et l'Enfant-Jésus, peints
sur plaque carrée, en cuivre doré. Travail
russe.

215 — Une figure de femme modelée en ronde
bosse en cire et colorée.

216 — Un dessin, tête d'homme, à l'encre de Chine,
cadre bronze doré, et un médaillon contenant six petites miniatures, portraits
d'une même famille.

217 — Une boule en cristal de roche.
218 — Trois pièces, une assiette en étain suisse, une cuiller en bois et une tête d'éléphant en ivoire sculpté.
219 — Environ vingt-quatre pièces, coquilles et minéraux.
220 — Deux petits souliers chinois en soie rouge.
221 — Un coffret carré en laque burgauté.
222 — Quatorze petites peintures, carrées, à l'huile, telles que : figures à costumes anciens, divinités mythologiques, oiseaux, etc. Ce lot pourra être divisé.
223 — Huit vitraux anciens, suisses et français, du XVI° siècle, sujets saints et chevaliers, qui seront vendus séparément.
224 — Quatre assiettes peintes, sujets intérieurs divers, cadres dorés.
225 — Un petit tableau peint sur porcelaine, jeune homme, costume époque Louis XV, genre de Charpentier.

TABLEAUX.

226 — Quatre petits portraits peints à l'huile, femmes et hommes, qui seront vendus séparément.
227 — Sept grands tableaux peints à l'huile, portraits de femmes, par Nattier, Rigaud, Mignard, Valin, etc., qui seront divisés.

228 — Quatre-vingts tableaux peints à l'huile, tels que paysages, conversations, ruines, intérieurs, batailles, fleurs et natures mortes, par et d'après différents maîtres, qui seront vendus séparément.

Meubles.

229 — Une belle console en ébène, ornée de laque du Japon et montée en bronze doré, époque Louis XVI; tablette en marbre blanc.
230 — Un régulateur, balancier à compensateur, de Rieusec, dans sa boîte en acajou.
231 — Une table de nuit ronde en acajou à col de cygne, à dessus en glace et garnie de bronze au mat, époque de l'empire.
232 — Six chaises en acajou foncées de cuir rouge et garnies de bronze doré.
233 — Un meuble à hauteur d'appui, à deux portes, en marqueterie de cuivre sur ébène.
234 — Deux socles carrés en acajou orné des bustes d'Apollon et Vénus en bronze, haut-relief doré.
235 — Deux fûts de colonne en acajou, forme octogone.
236 — Deux fûts de colonnes en acajou, forme ronde.
237 — Une gaîne de bois noir, orné de trois tableaux en mosaïque de Florence.
238 — Une boîte carrée en marqueterie de bois, à quadrilles.

239 — Un baromètre et un thermomètre richement garnis de bronze doré, époque de Boule.

Bijoux.

240 — Une tabatière, forme contournée, en jaspe d'Egypte, figurant un animal chimérique, richement montée en or ciselé et garnie d'une grosse émeraude, et d'ornements en rubis d'Orient.

241 — Une autre, forme carrée, montée à cage en argent doré et garnie de six plaques en burgau sculpté en relief, sujet tiré du carnaval de Venise.

242 — Une tabatière ronde à facettes en jaspe d'Egypte et montée en argent doré.

243 — Une montre de femme à toc, en or guilloché, cadran entouré de roses de Hollande et poussoir en brillant.

244 — Une grande montre d'homme en or uni et à quantième du nom de Henry, avec sa clé en pierre des amazones.

245 — Une grande boîte ronde à dessins chinois, formés de filets d'or et vernis par Martin.

246 — Une boîte forme navette en écaille, ornée d'une miniature (Bacchantes).

247 — Une boîte ronde en écaille, ornée d'un fixé, sujet flamand.

248 — Une petite boîte ronde ornée d'un émail, (abreuvoir).

249 — Une boîte ronde en fer-blanc contenant des cornalines taillées.

250 — Une boîte carton contenant des cornalines et chrysoprases.

251 — Plusieurs chaînes de cou, de montre, cachets, et autres bijoux en or.

252 — Cinq colliers, cornalines, acier poli, jaspe d'Egypte, et verre de Venise.

253 — Les objets omis au présent catalogue seront vendus sous ce numéro.

www.ingramcontent.com/pod-product-compliance
Lightning Source LLC
Chambersburg PA
CBHW051532240526
45471CB00019B/1317